全国老年大学统编教材

老年人太极剑教程

高　崇　编著

杨天硕　摄影

人民邮电出版社

北　京

图书在版编目（CIP）数据

老年人太极剑教程 / 高崇编著；杨天硕摄. -- 北
京：人民邮电出版社，2023.8
ISBN 978-7-115-61928-0

Ⅰ. ①老… Ⅱ. ①高… ②杨… Ⅲ. ①老年人－剑术
（武术）－中国－教材 Ⅳ. ①G852.24

中国国家版本馆CIP数据核字(2023)第119405号

免 责 声 明

作者和出版商都已尽可能确保本书技术上的准确性以及合理性，并特别声明，不会承担由于使用本出版物中的材料而遭受的任何损伤所直接或间接产生的与个人或团体相关的一切责任、损失或风险。

内 容 提 要

本书为全国老年大学统编教材，是专门为老年人设计的太极剑入门学习指导书，由太极拳世界冠军、国家级运动健将高崇教练指导及示范。本书首先介绍了太极剑的历史发展、不同阶段练习要点和拿剑姿势等基础知识，然后讲解了太极剑的6种基本步型和15种基本剑法，最后采用真人展示、分步图解的形式，对42式太极剑进行了细致解析。此外，本书配有42式太极剑的演示视频，可以帮助老年人快速领悟技法要领，提升锻炼效果。

◆ 编　著　高　崇
　　摄　影　杨天硕
　　责任编辑　林振英
　　责任印制　彭志环
◆ 人民邮电出版社出版发行　　北京市丰台区成寿寺路 11 号
　　邮编　100164　　电子邮件　315@ptpress.com.cn
　　网址　https://www.ptpress.com.cn
　　北京捷迅佳彩印刷有限公司印刷
◆ 开本：787×1092　1/16
　　印张：6.75　　　　　　　　　2023 年 8 月第 1 版
　　字数：107 千字　　　　　　　2023 年 8 月北京第 1 次印刷

定价：38.00 元

读者服务热线：(010)81055296　印装质量热线：(010)81055316
反盗版热线：(010)81055315
广告经营许可证：京东市监广登字 20170147 号

全国老年大学统编教材
编委会

老年人体育活动指导系列图书
编委会

总序

　　由中国老年大学协会组织编写的全国老年大学通识课程教材即将面世，这是我国老年教育和老年大学发展史上一件具有开创性意义的举措。

　　我们国家的老年教育，在党和政府的高度重视以及社会各界的广泛参与下，适应了老龄社会发展和老年群体需求，一直保持着健康快速的发展态势，并逐步取得了令世人瞩目的巨大成就。党的十八大以来，习近平总书记多次发表重要讲话，指出人口老龄化事关国家发展全局和亿万百姓福祉。强调要坚持党委领导、政府主导、社会参与、全民行动相结合，推动老龄事业全面可持续发展。党中央、国务院陆续公布实施的《老年教育发展规划 (2016—2020 年)》《老龄事业 "十三五" 规划》《加快推进教育现代化实施方案 (2018—2022 年)》等重要文件，对做好老龄工作、发展老龄事业做出了新的重大部署，对老年教育发展制定了明确的规划，有力地推动了我国应对人口老龄化的全面工作。目前我国老年教育的发展和老年大学的工作，已经呈现出党政主导、社会参与、多方支持的大好局面。

　　中国老年大学协会作为国家民政部所属的社会组织，自 1988 年 12 月成立以来，认真贯彻落实党和政府关于老年教育的方针政策，充分发挥桥梁纽带和凝聚作用，广泛联系各地老年大学、老年学校，大力宣传 "增长知识、丰富生活、陶冶情操、促进健康、服务社会" 的老年大学办学宗旨，促进各地老年大学、老年学校在办学原则、培养目标、专业设置、课程安排、学校管理等一系列重大办学方向问题上统一思想，形成共识，对我国老年教育事业的巩固与提升，发挥了导向性的作用。特别是积极贯彻党的十八大、十九大精神，落实新时代老年教育规划目标任务，组织老年大学认真学习习近平新时代中国特色社会主义思想，探讨老年教育发展的新机制和新路径，开创老年教育发展的新格局，推动老年大学工作迈上了一个新台阶。协会自身发展也进入了一个新阶段。

建立并逐步完善科学、适用、可行的老年大学特色课程体系，设计、构建与社会发展大环境相匹配的具有老年大学特色的通识教材，是中国老年大学协会一直坚持的目标，也是众多老年大学、老年学校一致的企盼。首批五本通识教材——《树立和培育积极老龄观》《新时代老年大学校长读本》《老龄金融》《老年健康教育与管理》《老年人权益保障法律实务》——从选题立意到内容编排，都体现出创新意识和独特见解，令人耳目一新，为之一振。希望老年同志们从中汲取营养，幸福地度过晚年；希望中国老年大学协会再接再厉，为老年人做出应有的贡献！

顾秀莲

2020 年 8 月

序

近年来，随着老年人口数量的不断增大，我国陆续发布了《"健康中国2030"规划纲要》《关于促进养老托育服务健康发展的意见》《全民健身计划（2021-2025年）》《"十四五"国家老龄事业发展和养老服务体系规划》《"十四五"健康老龄化规划》等政策文件，以引导和促进实现积极老龄观和健康老龄化。这些政策文件中指出了可通过指导老年人科学开展各类体育健身项目，将运动干预纳入老年人慢性病防控与康复方案，提供文化体育活动场所，组织开展文化体育活动等措施支持老年人参与体育健身，丰富老年人的精神文化生活，全面提升老年人的身心健康水平与生活品质。

与此同时，作为我国老年人教育事业的重要组成部分，老年体育教育承担着满足老年人的体育学习需求，丰富老年教育的内容和形式，以及不断探索老年教育模式的责任，可长远服务于积极应对人口老龄化、实现教育现代化和建设学习型社会。

在上述背景下，人民邮电出版社有限公司作为建社70周年的综合性出版大社，同时作为全国优秀出版社、全国文明单位，围绕"立足信息产业，面向现代社会，传播科学知识，服务科教兴国，为走中国特色新型工业化道路服务"的出版宗旨，基于在信息技术、摄影、艺术、运动与休闲等领域的领先出版资源、经验与地位，策划出版了"老年人体育活动指导系列图书"（以下简称本系列图书）。本系列图书是以指导老年人安全、有效地开展不同形式体育活动为目标的老年体育教育用书，并且由不同体育领域的资深专家、学者和教育工作者担任作者和编委会成员，确保了内容的专业性与科学性。与此同时，本系列图书内容覆盖广泛，其中包括群众基础广泛、适合个人习练或进行团体表演的传统武术与健身气功领域，具有悠久传承历史、能够极大丰富老年生活的棋牌益智领域，包含门球、乒乓球等项目在内的运动专项领域，旨在针对性改善慢性疼痛、慢病预防与控制、意外跌倒等老年人突出健康问题的运动功能改善训练领域，以及涵盖运动安全、运动营养等方面的运动健康科普领域。

　　本系列图书在内容设置和呈现形式上充分考虑了老年人的阅读和学习习惯，一方面严格按照循序渐进的原则进行内容讲解，另一方面通过大图大字的方式分步展示技术动作，同时附赠了扫码即可免费观看的在线演示视频，以帮助老年人降低学习难度、提高训练效果，以及为相关课程的开展提供更丰富的教学素材。此外，为了更好地适应和满足老年人日益丰富的文化需求，本系列图书将不断进行内容和形式上的扩充、调整和修订，并努力为广大老年读者提供更丰富、更多元的学习资源和服务。

　　最后，希望本系列图书能够为促进老年体育教育发展及健康老龄化进程贡献微薄之力。

在线视频访问说明

本书提供了"42式太极剑"套路的在线视频，您可通过微信"扫一扫"，扫描下方的二维码进行观看。

步骤 1

点击微信聊天界面右上角的"+"，弹出功能菜单（图1）。

步骤 2

点击弹出的功能菜单上的"扫一扫"，进入该功能界面，扫描上方的二维码，扫描后可直接观看视频（图2）。

图 1

图 2

目录

第四章　42式太极剑

第一章

太极剑的基础知识

历史发展

　　剑，古代兵器之一，属于"短兵"，素有"百兵之君"的美称。古代的剑一般由金属制成，长条形，前端尖，后端安有短柄，两边有刃。

　　太极剑是太极拳运动的一项重要内容，它是在太极拳的基础上，为了提高练习者身体的平衡能力、协调能力和练习的趣味性而逐渐发展起来的锻炼方法。它兼具太极拳和剑术的风格特点，一方面它要像太极拳一样，表现出轻灵柔和、绵绵不断、重意不重力的特点，另一方面还要表现出优美潇洒、剑法清楚、形神兼备的剑术演练风格。

　　"42式"太极剑风格独特，舞起来动作柔和、舒缓、美观大方，体静神舒、内外合一。

练习要点

太极剑与一般剑式不同，动作细腻又舒展大方，潇洒、飘逸、优美又不失沉稳，既有技击、健身的功用又有欣赏价值。那么，如何练好太极剑呢？总的来说，在演练太极剑的过程中，要重视每个动作的手、眼、身、法、步的要求，在演练中要分初级阶段和提高阶段。

初级阶段

● 剑法清楚，动作正确

演练太极剑，首先要明白各种剑法的特点、要求和动作要领，以及剑法之间的区别。初练时，最好是根据动作名称来练习。

● 动作基本连贯

要做到动作基本连贯，就需要掌握剑法之间的衔接动作。

提高阶段

● 剑法准确，动作协调

在提高阶段要求剑法准确，不仅要求懂剑法，而且

要求明剑理。剑法动作比较复杂，对人体的协调性要求很高，协调是美的基础，也是提高劲力的基础。怎样才能做到动作协调呢？

①全身放松。

②以腰为轴。通过腰的转动带动身体其他部位。

③剑指配合。演练太极剑时，要求明白剑指的作用、动作路线。剑指与剑一开一合、配合默契、自然协调。

④虚实分明。演练太极剑时，还要求注意重心的变化。上步时，开始重心不变，先虚步上步，之后重心才随动作变换，重心的变换与定式动作同时到位，要协调。演练时感到不协调、发力不顺达，就要检查上下肢动作是否配合；腰的转动与四肢的动作是否配合，剑的规格与动作的路线对不对；加速的时机是否得当等。

● 虽无对手，胜对强敌

太极剑是武术器械类的一种，是百兵之君，有极强的攻防理念，所以，对于每个动作所用剑法的技击作用都要搞清楚、深研究。平时虽然是单人演练，但要有强烈的攻防意念。

● 展示风采，风格突出

各式太极剑有各自的风格、特点，演练者也有自己的风格。演练时要把握住各式的特点，发扬自己的风格。练习竞赛套路时要注意动作的规范要求，做动作时尽量舒展大方。

● 动作绵延，潇洒飘逸

在提高阶段要求动作绵延，潇洒飘逸。这就需要精心研究每个动作之间的衔接，其要领是用好腰劲，注意启承开合的微小动作。

● 松沉自然，劲力顺达

要求松腰沉胯、动作沉稳；剑法的劲力准确、协调；力从腰出，贯至臂腕。

● 速度适宜，节奏明显

开始时速度不宜过快，注意姿势正确，熟练后可加快速度，同时注意太极剑的节奏，即刚柔相济，劲力的轻重缓急，速度的快慢相间所表现出的一种韵律。

拿剑姿势

太极剑的持握方法一般有两种。

持剑

掌心紧贴护手，食指附于剑柄，拇指和其余三指绕过护手两侧握剑柄，剑脊轻贴前臂后侧。

左手持剑时伸出左掌，将剑挂在虎口上，食指置于剑把上，拇指和其余三指抓握护手，左臂自然下垂。剑身靠近护手的一段贴紧左小臂。

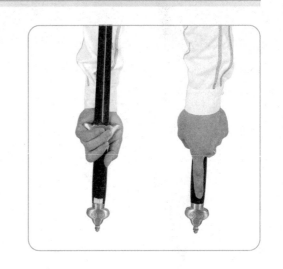

握剑

握剑的方法称为握法或把法。正确的握法不仅是准确地表现剑法的先决条件，也是技术熟练的重要标志。初学者握剑往往比较僵硬，剑在手中不能灵活运转，致使剑法表现不清楚，力点把握不准确。

● 平握

手指平卷握剑，一般用于劈剑、崩剑、架剑、推剑等剑法。

● 直握

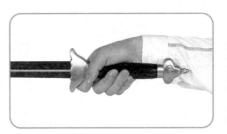

手握剑柄，由小指、无名指、中指、食指依次紧握形成螺旋形，拇指靠近食指。

● 钳握

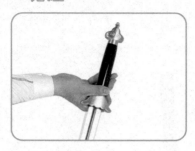

一般用于带剑、抽剑、挂剑等。大拇指、食指与虎口钳夹，起支点固定的作用，其余三指松握。

● 反握

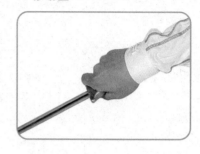

手臂向内、向里旋转，掌心向内，大拇指支架于剑柄的下方，向上用力，中指、无名指、小指向下勾压。一般多用于撩剑、反刺剑。

● 反手握

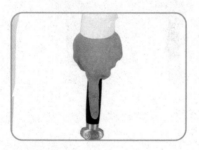

持剑使剑身紧贴于左臂后方，左手食指贴于剑柄，指尖指向剑头，其余四指扣握于护手上。

● 垫握

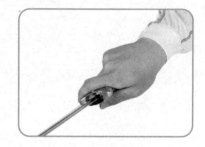

食指微伸，垫在护手下面以助力和控制剑的方向，大拇指也伸直，其余三指屈指。

剑指

太极剑的手型主要是剑指，剑指的要点是食指与中指伸直并拢，不能分开。其余的三指屈于掌心，拇指压在无名指的第一指节上。只有剑指运用得合理得当，与剑法相互配合，才能助势助力，平衡动作，提升太极剑剑法的表现力。

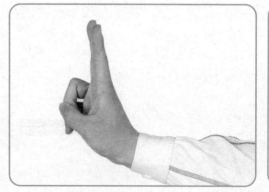

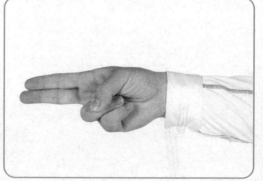

第二章

太极剑的基本步型

进步

一 上身自然直立，重心前移，左腿向前迈步，成左弓步；双手叉腰，眼睛平视前方。重心后移，左脚跟点地；右腿微屈，重心再次前移。身体向左转动，左脚平稳着地；右腿蹬直，脚尖点地。

 右腿向前上步，附于左腿旁边，脚尖点地。左腿微曲，右腿向右前方上步，右脚跟点地。重心前移，右脚脚掌着地；身体向右转正。

退步

一 上身自然直立，右腿向前成右弓步；双手
叉腰，眼睛平视前方。身体重心后移，左
腿微屈，右脚脚跟点地。右腿向后收步，
附于左腿旁边。

二 左腿微屈，继而右腿向后蹬步；右腿伸
直，右脚脚尖点地。重心后移，右脚平稳
着地；右腿微屈，左脚以脚跟为轴，向前
方转正脚尖。

009

虚步与歇步

虚步，顾名思义脚步不要踏实。后腿微屈，前腿向上提，前脚脚尖微点地，形成虚步。双手平放于腰侧，挺胸，塌腰，脚跟外蹬，膝不过脚尖。虚步要求前腿虚，后腿实，虚实分明；把身体的主要力量放在支撑腿上。

歇步，分为左歇步和右歇步。上身自然直立，双手叉腰，双腿交叉靠拢屈膝下蹲，右（左）脚全脚掌着地，脚尖外展，左（右）脚前脚掌着地。目视前腿侧方向。

跟步

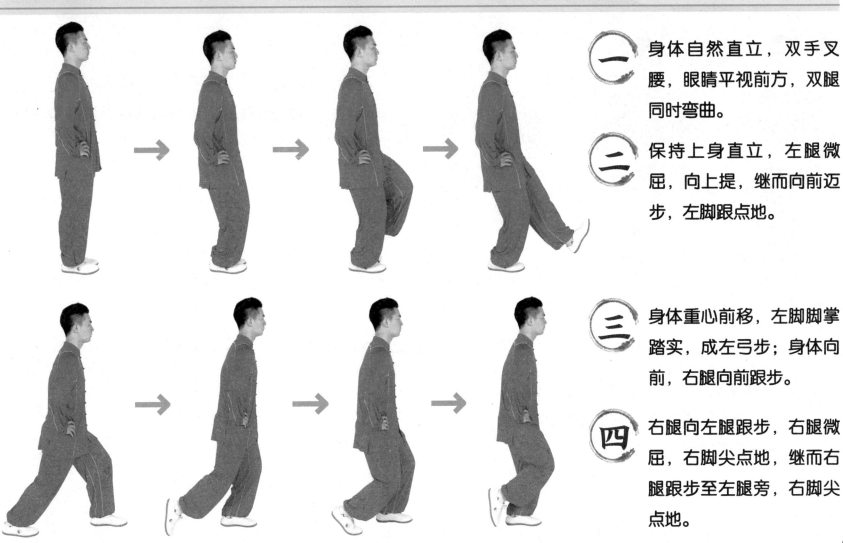

一 身体自然直立，双手叉腰，眼睛平视前方，双腿同时弯曲。

二 保持上身直立，左腿微屈，向上提，继而向前迈步，左脚跟点地。

三 身体重心前移，左脚脚掌踏实，成左弓步；身体向前，右腿向前跟步。

四 右腿向左腿跟步，右腿微屈，右脚尖点地，继而右腿跟步至左腿旁，右脚尖点地。

行步

 身体自然直立，双手叉腰，眼睛平视前方；左腿屈膝，微微向上提，左脚尖点地，然后身体随左腿向左微转，左脚向左前方迈步。

二 身体重心前移，左脚脚跟先着地，右腿屈膝。左脚脚掌踏实；右腿向前上步，提起，附于左腿旁边，右脚不落地。

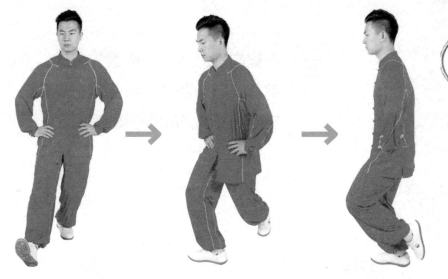

 右腿向右前方上步，右脚跟先着地，重心前移；右脚以脚跟为轴，向右旋转，身体也随之转动。左腿随身体旋转微屈，左腿向前上步，附于右腿旁边。

 左腿向前上步，左脚跟先着地，继而重心前移，左脚踏实，脚尖向右旋转。右腿向前上步，附于左腿旁边。

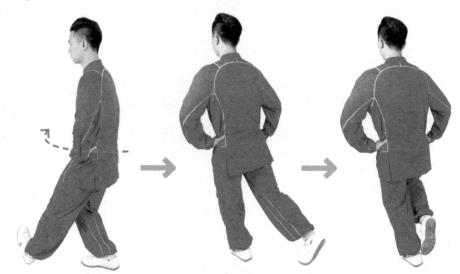

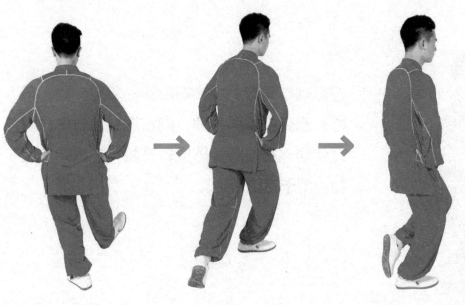

 右腿向前上步，右脚跟先着地，重心前移，右脚踏实，脚尖向右旋转。左腿向前上步，附于右腿旁边。

六 左腿向前上步，左脚跟着地，以左脚跟为轴，脚尖向右旋转，以备右脚向前上步。

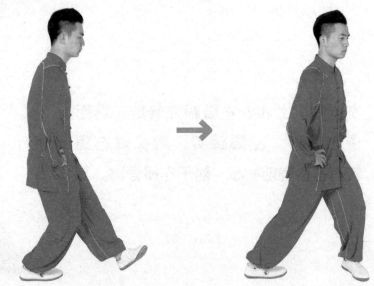

第三章

太极剑的基本剑法

刺剑

以剑尖直对对方，手臂由屈到伸，与剑形成一条直线，力达剑尖。持剑时掌心向上、向前平刺出为平刺剑；持剑时虎口向上为立刺剑。

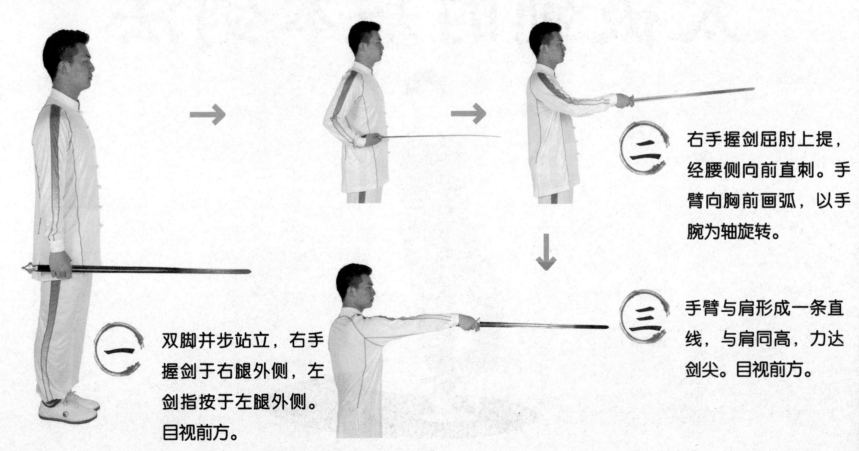

右手握剑屈肘上提，经腰侧向前直刺。手臂向胸前画弧，以手腕为轴旋转。

手臂与肩形成一条直线，与肩同高，力达剑尖。目视前方。

双脚并步站立，右手握剑于右腿外侧，左剑指按于左腿外侧。目视前方。

劈剑

立剑由上而下，叫作劈，可向下、左、后劈。总之都是立剑，从上向下用力，力达剑刃的中段。

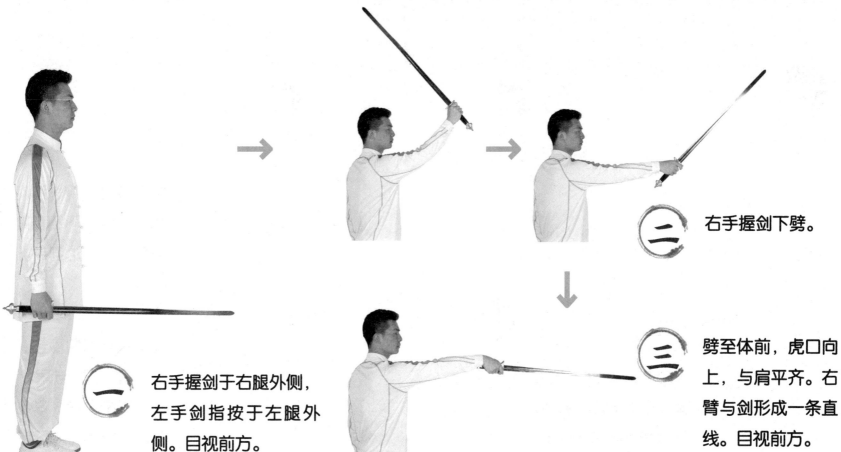

二 右手握剑下劈。

一 右手握剑于右腿外侧，左手剑指按于左腿外侧。目视前方。

三 劈至体前，虎口向上，与肩平齐。右臂与剑形成一条直线。目视前方。

点剑

握剑的手以腕用力，力达剑尖，用与虎口反向一侧的剑刃前端部分从上向下啄击。

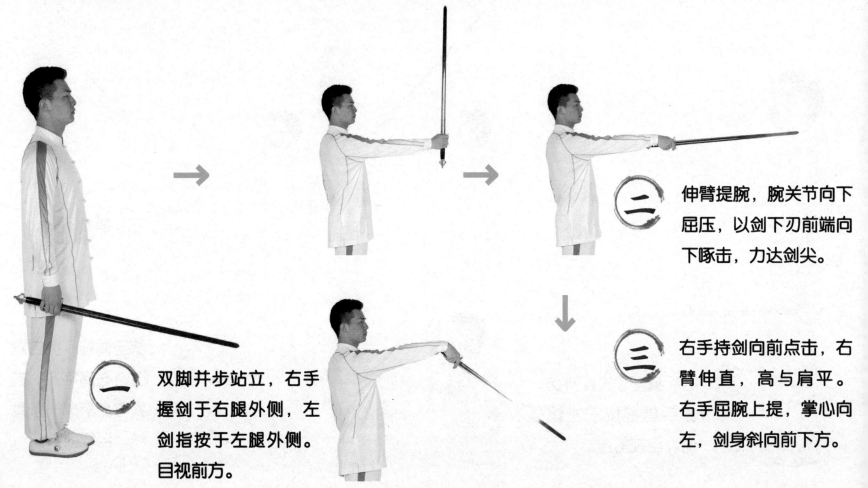

伸臂提腕，腕关节向下屈压，以剑下刃前端向下啄击，力达剑尖。

右手持剑向前点击，右臂伸直，高与肩平。右手屈腕上提，掌心向左，剑身斜向前下方。

双脚并步站立，右手握剑于右腿外侧，左剑指按于左腿外侧。目视前方。

崩剑

崩剑是指立剑，沉腕使剑尖猛向上崩，力达剑尖。

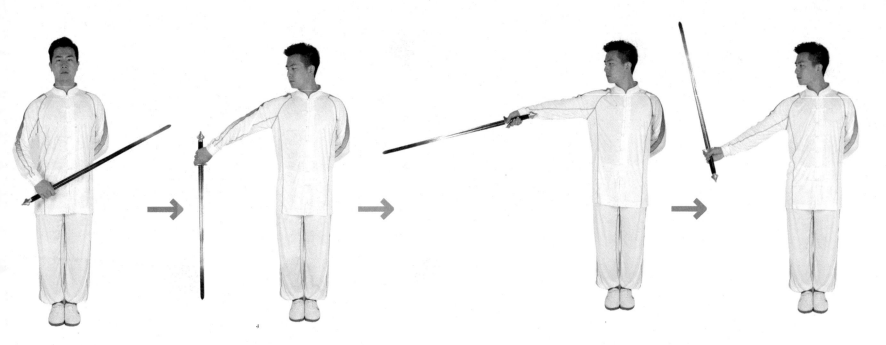

 双脚并步站立，右手握剑侧平举，虎口向上。

 右手持剑沉腕下落，剑尖向上、向内崩挑，剑斜向左上方，与右臂成锐角。左臂屈肘背于身后。目视右手剑。

挂剑

　　剑成立剑，手腕扣住。剑尖从前向下、向后，经过身体两侧成立圆挂出，力达剑身的前部平面，用来格挡对方的进攻。

　握剑，使剑与手臂成90度。持剑手虎口一侧向后用力，力达剑尖，由前向后勾回，向身体左下方回挂。

（二）　右手持剑向右上方抖击，掌心向上，剑尖略高于头。左臂自然垂落于身侧。挂剑须翘腕朝向拇指侧，剑尖向后。右臂与剑成锐角，剑尖向上。

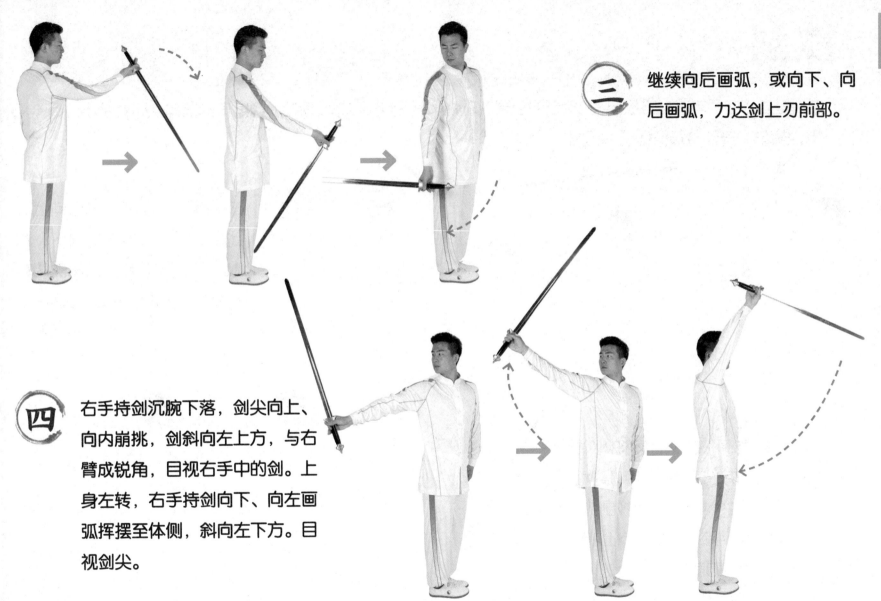

（三）继续向后画弧，或向下、向后画弧，力达剑上刃前部。

（四）右手持剑沉腕下落，剑尖向上、向内崩挑，剑斜向左上方，与右臂成锐角，目视右手中的剑。上身左转，右手持剑向下、向左画弧挥摆至体侧，斜向左下方。目视剑尖。

撩剑

撩剑是立剑由后向前上方撩出，力达剑的前端。正撩剑，前臂外旋，掌心朝上，剑贴身向前向上弧线撩出；反撩剑，除前臂内旋外，其他与正撩剑要求相同。

 右手握剑侧平举，虎口向上，目视剑尖。大多数情况下，撩剑时右手持剑会先在体侧绕转一周，然后顺势撩出。

 右臂内旋，右手翘腕将剑尖向下勾回，并贴身向右画弧挂摆至腹前。剑尖斜向左，目视剑尖。撩剑须反手持剑，由下向上撩出，力达剑下刃前部。

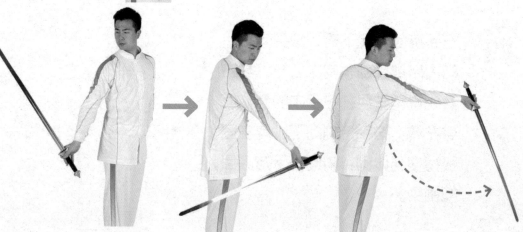

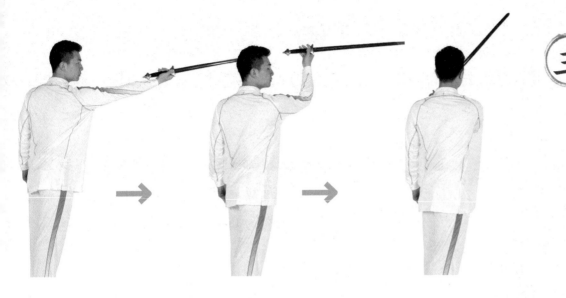

（三）为了加大挥摆的力度，剑在体侧绕成一个立圆，然后撩出去，力点在剑刃的前端，是进攻。绕剑时注意要转腰挥臂，以臂领剑，最后再伸展把剑撩出去。经身体左侧绕转撩出为左撩剑，经右侧绕转撩出为右撩剑。

（四）虎口反向一侧的剑刃中段或前端着力，手腕向上提拉，从下向前移动撩击。

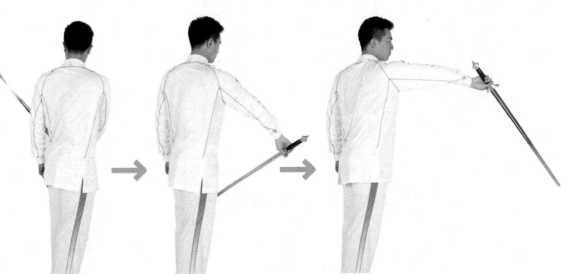

云剑

由平剑在头前上方或头顶做平圆绕环，用来拨开对方的进攻，力点在剑刃上。剑在体侧或在头顶画一个平圈，都叫云剑。

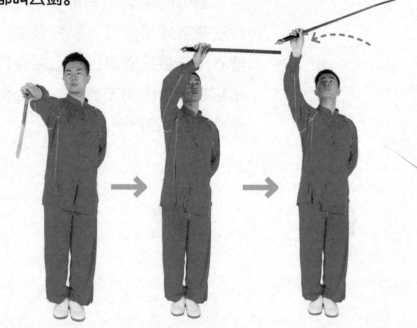

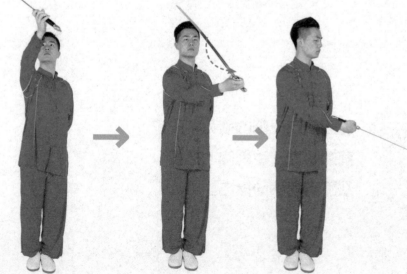

双脚并拢，脚尖朝前；胸背舒展，身体直立；右手握剑前平举，虎口向上。目视剑尖，以腕关节为轴，在头前上方向左绕剑。

颈部自然竖直，肩膀保持松沉，背部自然放松，目视剑尖，在头前上方向左绕环一周。

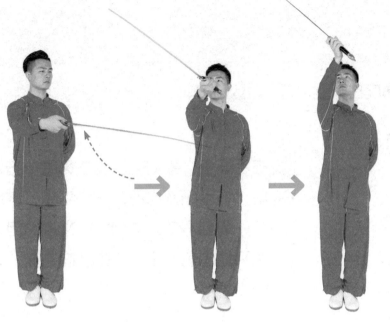

（三）在出剑过程中，要注意手腕翻转，动作连贯，以便于下一动作的进行。

（四）右手握剑侧平举，虎口向上，在头前上方向左绕环一周后，目视剑尖。身法端正自然，全神贯注，舒展大方，旋转松活。

抹剑

抹剑是将平剑由左向右或由右向左领带，弧形抽回；高度在胸腹之间，力达剑刃。

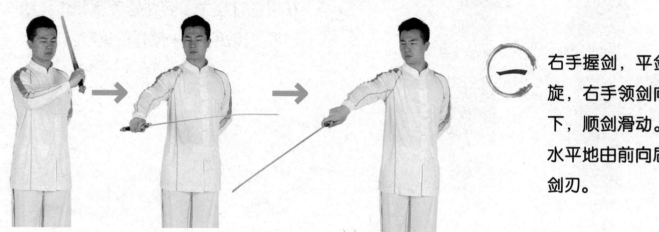

（一）右手握剑，平剑由左向右领带，右臂外旋，右手领剑向右侧后方平带，掌心向下，顺剑滑动。抹剑守中带攻，用剑刃水平地由前向后，或由左向右抹，力达剑刃。

 （二）上身左转，右手外旋领剑向左平抹，停于左肩前。剑横于胸前，剑尖斜向左，目视剑尖。右手握剑屈臂，虎口向左。左手剑指也屈左臂，掌心向下，目视右手剑。右臂半屈成弧，剑斜向左前方，与胸同高，左剑指仍附于右腕处。目视剑尖。

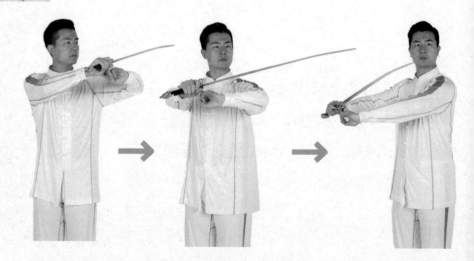

绞剑

绞剑是使剑尖按着顺时针或逆时针方向画立圆，属于螺旋发力，犹如螺丝钉的螺纹一样。

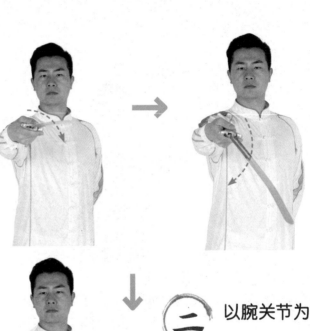

 右手握剑，平举于胸前。目视前方。

 以腕关节为轴，使剑尖由右向左画小立圆绕环一周，再收于胸前。掌心朝上，力达剑刃前部。

带剑

由前屈臂向后拉，平剑的抽拉叫作带剑。

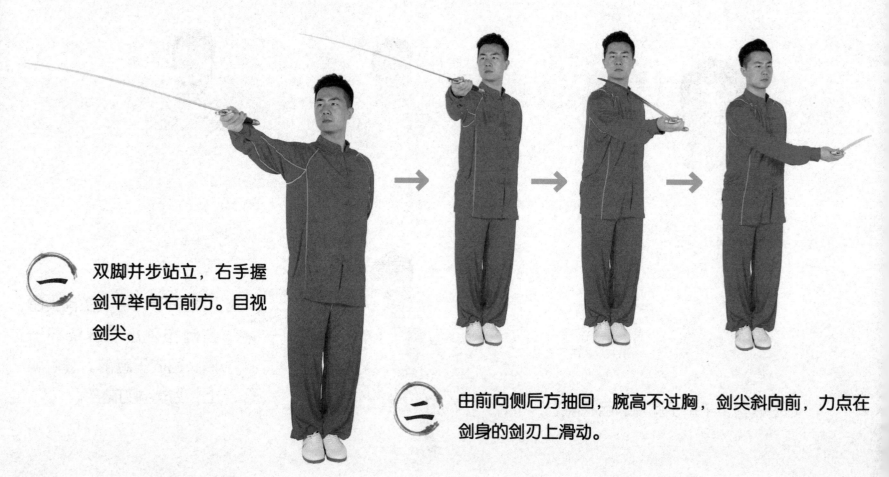

一　双脚并步站立，右手握剑平举向右前方。目视剑尖。

二　由前向侧后方抽回，腕高不过胸，剑尖斜向前，力点在剑身的剑刃上滑动。

架剑

立剑向上托举，高过头顶，用来格挡对方劈击进攻，力点在剑刃上叫作架剑。

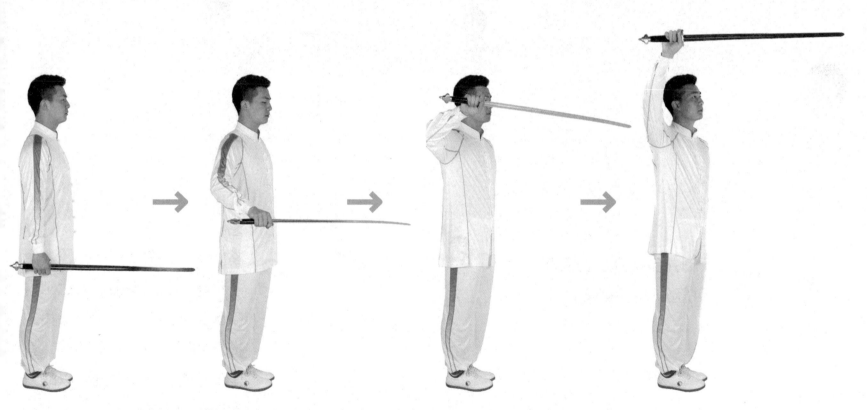

双脚并步站立，立剑，掌心朝内。将剑由下向右上方架起，右手握剑侧平举，高过头顶，虎口向前，力达剑身中部。目视前方。

压剑

压剑前先仰手握剑向上托剑，随即腰向左转，右臂内旋俯手握剑，随后平剑下压。

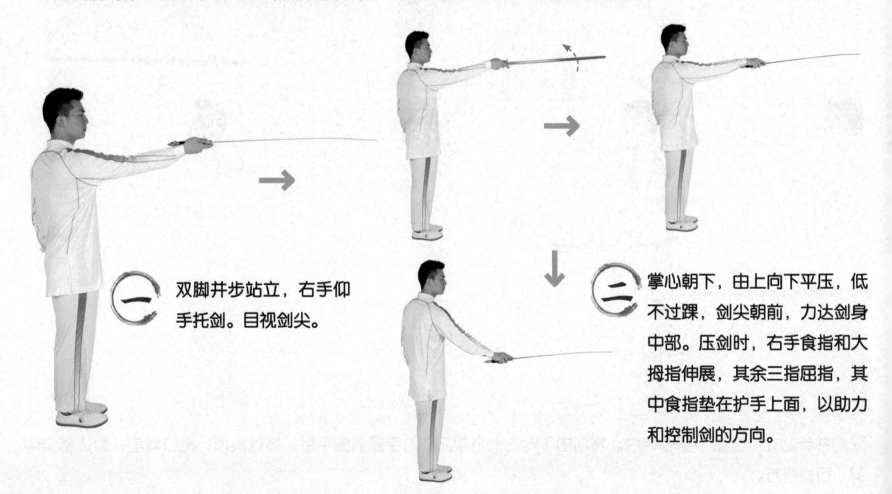

一 双脚并步站立，右手仰手托剑。目视剑尖。

二 掌心朝下，由上向下平压，低不过踝，剑尖朝前，力达剑身中部。压剑时，右手食指和大拇指伸展，其余三指屈指，其中食指垫在护手上面，以助力和控制剑的方向。

削剑

自左下方向右上方斜击出，掌心斜向上，剑尖略高于头。发力时要转、抖腕，力达剑身的前部。

 双脚并步站立，左手背于身后，右手握剑。

 立剑，由前向后上方或后下方画弧抽回，力点在剑身的剑刃上滑动。

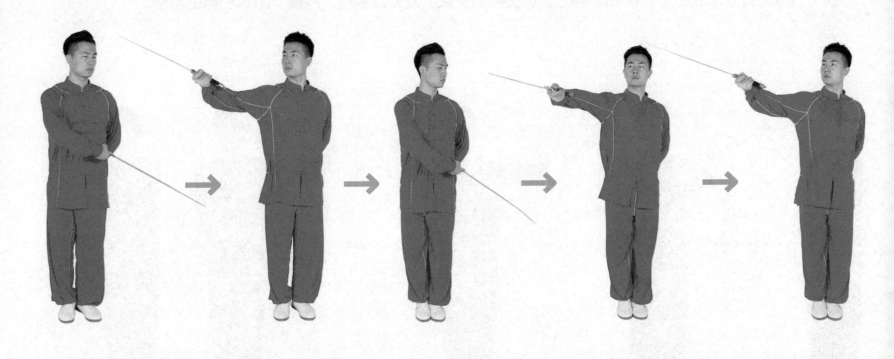

 手握剑，微向上托，至与胸同高，手臂右转，松肩展臂，腕部微内扣，剑身向右横向平摆。力点在拇指侧前刃处，剑刃高度同颈部。

推剑

剑身竖直或横平，由内向外推出，力达剑刃根部。推剑常用于双方器械接触时，目的是将对方的器械推击出去。

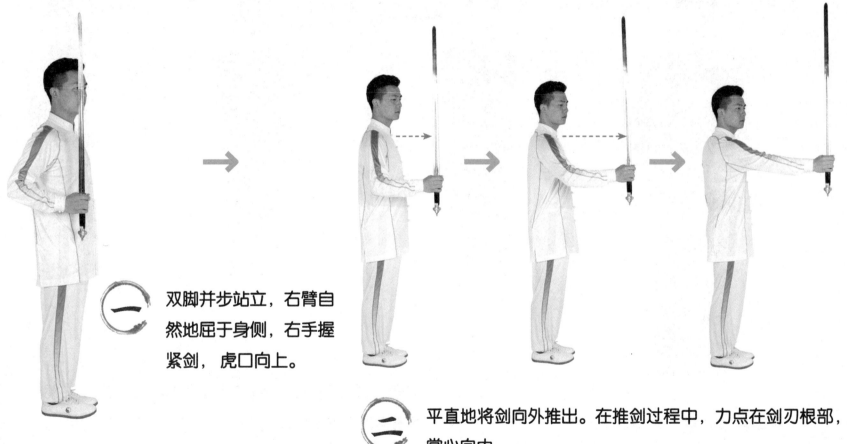

 双脚并步站立，右臂自然地屈于身侧，右手握紧剑，虎口向上。

二 平直地将剑向外推出。在推剑过程中，力点在剑刃根部，掌心向内。

托剑

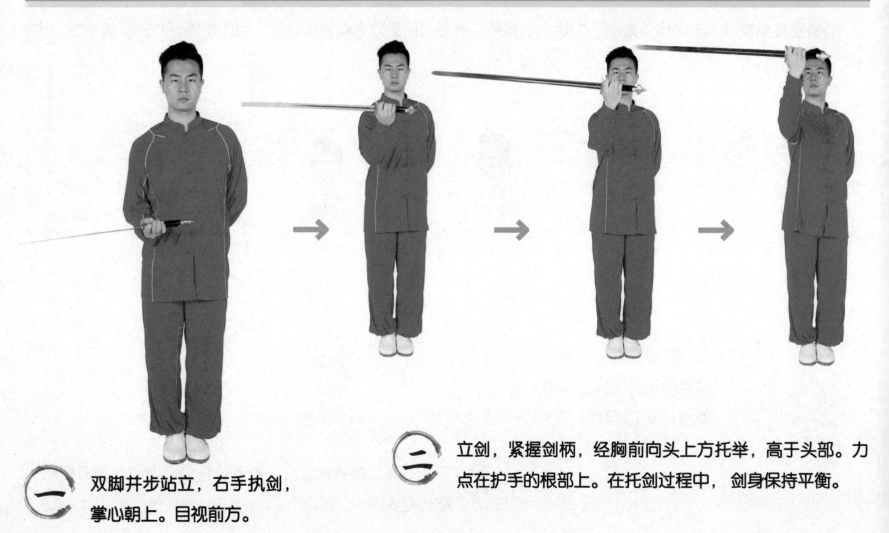

（一）双脚并步站立，右手执剑，掌心朝上。目视前方。

（二）立剑，紧握剑柄，经胸前向头上方托举，高于头部。力点在护手的根部上。在托剑过程中，剑身保持平衡。

第四章

42 式太极剑

起势

 双脚并拢站立，双手自然下垂，轻触双腿外侧；左手握剑，剑身贴左臂后侧，右手剑指。下颌微内收。抬左脚，左脚离地向左侧横开步；同时左手握剑跟随身体稍稍左摆，身体重心左移。

二 保持双臂姿势不变，左脚落地踏实后，上身左转约45度，双手缓慢向前平举。

（三）双手平举至与肩同高，掌心向下。上身向右转向正面，双手手势不变，并随上身再转回正面。

（四）上身略右转，右脚收提至左脚内侧后，再向右前方约45度方向上步；同时右手剑指先向右、向下画弧至身体右前方，再向左画弧至腹部左前方，掌心朝上；左手持剑，右摆后屈肘置于体前，腕同肩高，掌心朝下，双掌心相对。目视右前方。

（五）屈右膝，右手剑指经左臂下方，沿左臂向右上方摆举，臂微屈，掌心斜朝上。然后重心移向右腿，上身左转，左脚随之贴向右脚内侧，再向左前方迈出；同时右手剑指向左、向上靠近右前额，左手持剑，小臂下沉，带动剑尖指向左后方。

（六）左腿屈膝后，再向左前方顶膝，成左弓步；同时左手持剑向左、向下搂至左膝外侧，剑尖朝向左后上方；右手剑指经右耳旁向前指出，掌心朝前，指尖朝上，腕同肩高。目视左前方。

第二式 并步点剑

（一）接上式。右脚收提至左脚内侧，重心前移；同时左手持剑，剑柄朝上，向上、向前穿出，经胸前向右腕贴近。然后右脚向右前方迈步，落地后双膝微屈，同时上身右转，双手分别同时向左、右两侧摆举。

（二）左脚收向右脚，同时双手从身体两侧向下画弧置于胯旁，掌心均朝下，目视前方。然后上身左转，左脚向左前45度上步，重心跟随前移，屈膝，同时双手分别向左、右两侧摆举。

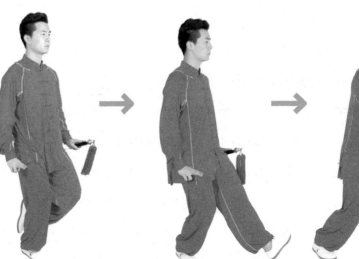

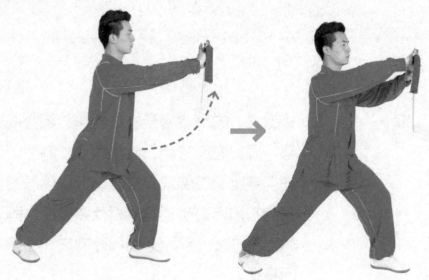

 左脚踏实，左膝前顶成左弓步，双手从身体两侧向身体前方画弧聚拢，最终在胸部前方相合，剑身贴靠左前臂，剑尖朝左后方，右手剑指沿剑柄向左划，直至虎口对准剑柄，接剑。目视前方。

 接着右脚向左脚并步，屈膝；同时右手接握剑柄，并以腕关节为轴，使剑尖由身体左后方经上方向前画弧，至腕与胸高，左手变剑指附于右腕内侧。右手提腕使剑尖向前下方点剑。目视剑尖方向。

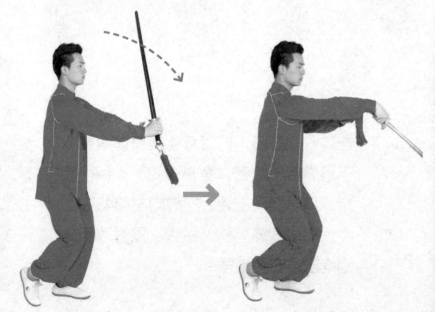

第三式 弓步削剑

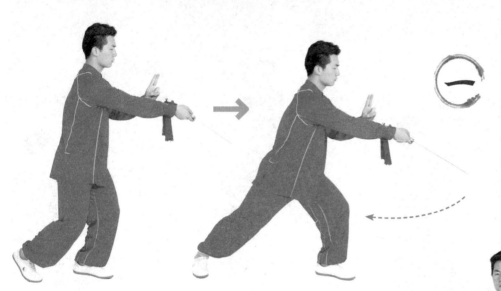

接上式。右腿向后伸展打开，成左弓步；同时左手剑指经身前向下、向左、再向前指出，掌心斜朝前，指尖朝上；右臂小臂顺时针转动，带动剑从左下方，经右上方画弧，再向左下方削剑。

身体右转约90度，同时右手握剑从身体左下方摆向右上方；左手剑指左摆。身体继续右转约90度，右手握剑继续流畅右摆，直至右臂与身体在同一平面，剑指右侧，腕同肩高，左手剑指姿势不变，目视剑尖方向。跟随身体的右转，双腿已转换为右弓步姿势。

第四式 提膝劈剑

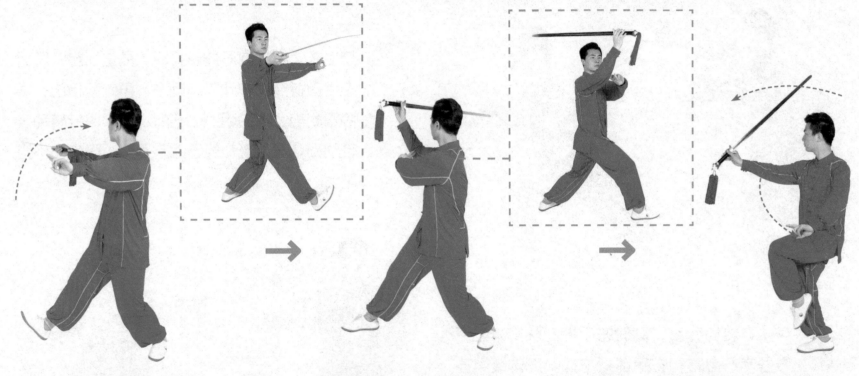

 上身继续略向右转，同时左腿屈膝，身体重心后移，右腿伸直。

 右手向后翻腕，握剑屈肘向右、向后画弧至体侧右后方，掌心朝上，腕高于肩；左手剑指向前、向右画弧摆至右肩前，掌心斜朝下。

 左腿屈膝提起成右独立步，同时右手持剑向前、向上画弧，左手剑指向下画弧置于胯旁，掌心朝下。

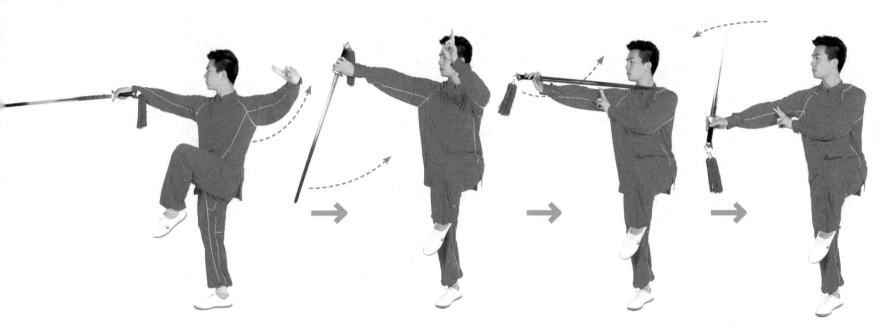

 右手握剑向前劈出，剑、臂平直；左手剑指向左上方摆举至与肩齐平，掌心朝外，指尖朝前。目视剑尖。

 右手握剑以手腕为轴，将剑尖向下转动，继而向左上方转动，直至剑尖指向左上方；左臂向身前屈肘，左手剑指贴右肘内侧。双腿保持右独立步姿势。

043

第五式 左弓步拦剑

身体转动与剑绕环要协调一致；弓步时上身不可前俯。

 右腿屈膝，上身略左转，左脚向左后方落地，脚跟着地后全脚掌着地；同时右手握剑以腕关节为轴使剑尖从身体右前方向左前方画弧，且左手剑指从身体右前方经腹部向左前方画弧。

 右手握剑继续划向左前方，肘部逐渐打开，掌心朝上，腕略高于腰；左手剑指继续由左前方向后、向上画弧，直至位于头部左上方，掌心朝外。

第六式 左虚步撩

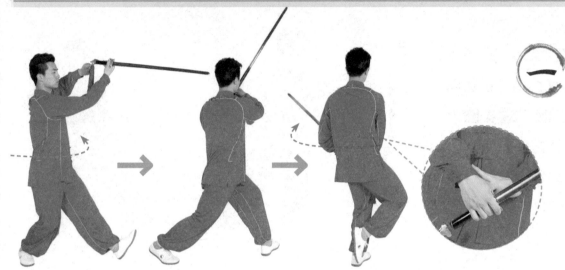

右腿屈膝，重心稍后移，左脚尖翘起并稍微外展，同时右手提剑划向左上方，与左手靠近。紧接着重心再向前移至左腿，右腿提膝贴向左腿，同时上身稍稍左转，左手剑指贴右腕，双手向左下方画弧，剑尖指向左上方。

右脚向右前方上步，脚尖着地，同时上身略右转，同时双臂保持架起的姿势，向右上方撩剑画弧。然后左脚向左前方上步成左虚步，同时身体右转，双臂继续划向右上方，直至剑身撩至头部前上方，且右臂微屈，掌心朝外，剑尖略低于手，左手剑指附于右腕处。目视前方。

045

第七式 右弓步撩

身体略向右转，左脚稍稍向左上步，脚跟着地；同时右手握剑下落，剑尖向上，左手剑指落于右肩前。左脚尖外展落地踏实，屈左膝，重心移至左腿，身体左转；同时右手握剑，以剑柄为先，向左下方画弧。左手剑指跟随身体左转，经腹部前方画弧至身体左侧。

身体左转，右腿提膝向左迈一步，同时右手握剑经下方向前方撩剑，左手剑指向左上方画弧，臂成弧形举于头部左上方。右脚踏实，屈膝成右弓步姿势，同时右手继续握剑向前撩剑，直至剑身约水平，与肩齐高，掌心向上。目视前方。

第八式 提膝捧剑

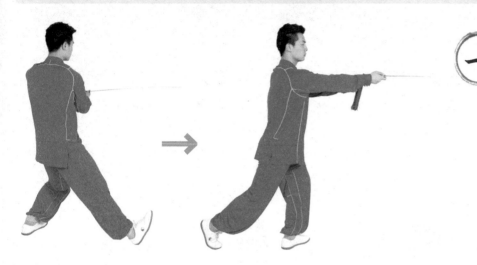

 左腿屈膝，重心后移，身体略向左转；同时右手握剑随转体向左平带，掌心向上，腕同肩高，剑尖朝前；左手剑指屈肘下落附于右腕处，掌心向下，目视剑尖方向。身体略向右转，右脚向后收向左脚，然后再向后撤步；右手握剑向前刺，左手剑指同时跟随向前。

 身体随重心后移成左虚步，同时双手向身体两侧打开，右手握剑向下、向右画弧至右胯旁，左手剑指向下、向左画弧至左胯旁，掌心向下。左脚踏实，重心前移，左腿直立，右腿屈膝提起，形成左独立步；同时双手向身前靠拢捧剑。

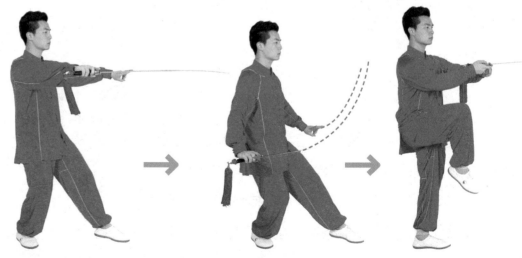

第九式 蹬脚前刺

 一 左腿屈膝，重心下降，右腿及双臂顺势向下、向内画弧。

 二 左腿再次用力蹬直，右腿向胸前提膝，双臂提至胸前。右脚以脚跟为支点向上勾脚，再迅速向前蹬出，右腿蹬直；同时双手捧剑略回引再向前平刺，目视剑尖方向。

第十式 跳步平刺

一 右脚落地后屈膝，重心下降，左腿顺势屈膝，脚尖点地，双手捧剑置于右腿之上。左脚后摆，右腿直立，双手向前平刺。

二 左脚向前落步后，右脚再向前跳出一步，成右弓步姿势；同时双手向身体两侧打开，左手剑指向下、向左、再向上画弧至头部左后方，右手握剑向前水平刺出。

第十一式 转身下刺

（一） 左腿屈膝，向左转体，右腿自然伸直，脚尖上翘；同时右手握剑向左平带，掌心向上。屈右膝，左腿伸展，身体重心右移；同时右手握剑向右平带至右胯旁，剑尖斜向下，左臂屈肘收至胸前，左手剑指贴于右胸前。

（二） 以右脚掌为轴身体左后转约 270 度，左腿屈膝提起收至右脚内侧，不着地；双手姿势不变。左脚向左前方落步成左弓步，然后右手握剑向左前下方剑刺出，掌心朝上，同时左手剑指向左、向上画弧，臂成弧形举于头部左上方。目视剑尖方向。

42式太极剑 ▼ 弓步平斩

第十二式 弓步平斩

（一）重心前移，右脚收于左脚内侧后，再次后撤。右手握剑，沿顺时针轨迹转腕，撩剑至右下方，掌心斜向上；左手剑指屈肘向前附于右臂。目视剑尖。

（二）左脚碾步内扣成右横裆步，身体右转约90度；同时右手握剑向右平斩；左手剑指向左分展侧举，略低于胸，掌心向左，指尖朝前。目视剑尖。

051

第十三式 弓步崩剑

（一）接上式。重心左移，身体左转90度；同时右手握剑，以剑柄领先，屈肘向左带剑至面前，左手剑指以弧形左摆至身体左侧，掌心向下。随后重心右移，左腿经右脚后向右后方插步；同时右手持剑，以剑柄领先，向内、向右画弧，经胸划至身体右侧，左手剑指向上摆举，腕高于头，掌心向外。目视右侧。

（二）双腿向下蹲坐，同时右手握剑向右前方平举，约与肩同高，接着向上站起。

（三）重心移至左腿，右腿屈膝提起，同时两前臂向内画弧合于胸前，掌心相对，剑尖朝前；左手剑指捧托于右手之上，目视前方。然后右脚向右落步，屈双膝，上身略左转，双手向左下方画弧至左胯旁。

（四）身体回正，然后上身快速右转，右手握剑顺势右摆崩剑，力贯剑身前端，直至腕同肩高，剑尖朝右且高于腕，臂微屈；同时左手剑指向左展开，掌心朝外。目视剑尖。

第十四式 歇步压剑

一 身体左转，右腿收向左腿，右脚不落地准备插向左后方，重心转移至左腿；右腿插向左后方，同时右手握剑下压后再向左上方提剑，边提剑，边掌心下翻。左手剑指向左后方画弧，指尖朝后。

二 双腿屈膝下蹲成歇步；同时右手握剑向下压剑，臂微屈，左手剑指向后上方画弧，臂成弧形举于头部左后上方，指尖朝前，掌心斜向上。目视剑尖。

第十五式 进步绞剑

㊀ 接上式。站起，右脚向前上步成右虚步。右手握剑，立剑上提，虎口朝前上方，腕同肩高，剑尖指向前下方。左手剑指经上方弧形前摆，置于右前臂内侧，掌心向下。

㊁ 右脚向前上步，重心前移，同时右手握剑，逆时针绞剑。左手剑指向左画弧侧举，掌心向外，指尖朝前。一边绞剑，一边右脚落下。目视剑尖。

 左脚向前上步，重心前移。右手握剑再次绞剑；左手剑指动作不变。目视剑尖。

四 随后右脚向前上步，重心前移，右脚跟着地；同时右手握剑收至胯前。右脚踏实，身体重心前移，屈膝成右弓步姿势，同时右手握剑向前送出。左手姿势保持不变。

 重心后移，上身略左转，左腿屈膝，右膝伸展；同时右手握剑屈肘回抽带至左腹前，掌心向上，剑身平直，剑尖朝右；左手剑指附于剑柄上。目视剑尖。

 身体向右旋转，双臂从身前向右下方画弧至右胯旁。右腿自然直立，左腿屈膝提起成右独立式；同时右手握剑向前上方刺出，掌心向上，左手剑指附于右前臂内侧。目视剑尖。

第十七式 虚步下截

一 接上式。上身左转，右腿屈膝，左脚向左前方落步，脚跟着地；同时右手握剑随转体屈肘，剑柄领先，向左上方带剑，掌心朝里，腕同头高，剑尖朝右；左手剑指向左下方画弧至左胯旁，掌心斜向下。

二 重心左移，左脚逐渐踏实，屈膝，同时右手握剑继续向左下方带剑。右脚向左移半步，脚尖点地成右虚步，上身右转；同时右手握剑，向右下方截剑至右胯旁。剑尖朝向左前方，与膝同高，力贯剑身下刃。左手剑指向上，臂成弧形举于头部左上方，掌心斜向上。目视右侧。

第十八式 右左平带

一 右腿屈膝提起，右脚脚尖下垂；同时右手握剑立刃向前、向上伸送，直至剑柄位于胸前上方，臂自然伸直，剑尖向下；左手剑指下移附于右前臂内侧。

二 右脚向右后方落步，身体向右转，形成右弓步，右手握剑顺势由经胸前向右前方平带，左手跟随右臂向右，肘部逐渐打开。

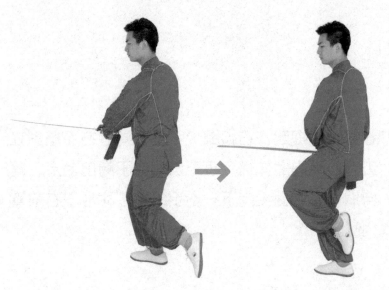

三 重心前移，左脚向左前方上步成左虚步；右手握剑带剑至右肋前。左腿屈膝附于右腿旁，右手握剑向后微屈肘至右胯旁，剑尖朝前。

四 左脚向左跨步后逐渐踏实，上身向左转，形成左弓步；同时右手握剑经胸前向左前方平带，带至左肋前。左手剑指经下方向左后上方画弧，臂成弧形举于头部左上方，掌心斜向上。目视前方。

第十九式 弓步劈剑

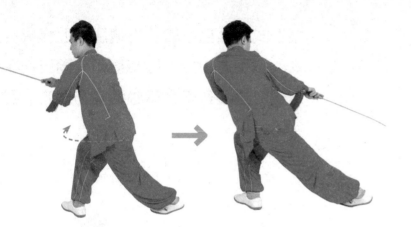

一 重心前移，右脚摆步向前，屈膝；左腿自然伸直，脚跟提起。上身右转，同时右手握剑向右后方下截；左手剑指屈肘向下附于右肩前，掌心斜向下。目视剑尖。

二 上身左转，左脚前迈，屈膝，最后成左弓步；同时右手握剑经上方向前劈剑，剑柄与肩同高，剑尖略低于腕。左手剑指经下方向左上方画弧，臂成弧形举于头部左后上方，掌心斜朝外。目视前方。

第二十式 丁步托剑

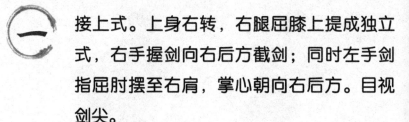

接上式。上身右转，右腿屈膝上提成独立式，右手握剑向右后方截剑；同时左手剑指屈肘摆至右肩，掌心朝向右后方。目视剑尖。

上身继续右转，右手握剑继续截剑至胯部右侧，右臂打开，剑尖指向右下方；左手剑指继续画弧，由身前向右、向上贴近右臂内侧。右脚向前落步，屈膝。左脚跟步至右脚内侧，脚尖点地成左丁步；同时右手握剑向前、向上托剑，托至腕部与肩平。剑尖朝右，左手剑指附于右腕内侧。

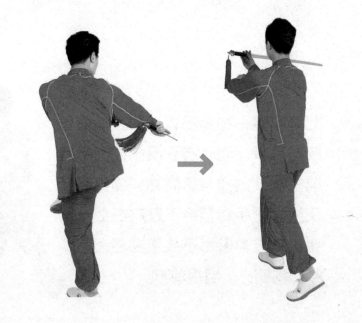

一 接上式。右脚踏实后，左脚向左前方上步，左手剑指贴在右腕内侧，右手保持托剑姿势。然后左脚踏实，脚尖内扣，膝微屈，上身右转约90度，右手持剑顺势将剑尖压向右下方。

二 上身继续右转，右脚向后撤步，伸直，左脚以脚跟为轴，脚尖内扣碾步，屈膝；同时右手握剑使剑尖向右、向下画弧至腕与肩同高，掌心斜向上，剑尖斜向下。

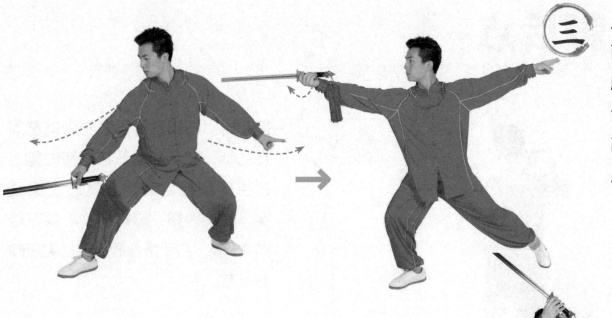

 上身继续右转，屈右膝；双手向两侧打开。然后重心前移，右腿屈膝前顶成右弓步；同时右手握剑沿右腿内侧向前穿刺，与肩同高，左手剑指向左后方摆举，与肩同高，掌心朝外。目视剑尖。

四 重心前移，左脚向右脚并步，双腿屈膝，上身略左转；右手握剑，剑柄领先，向上、向左画弧带剑至左胯旁，掌心朝内，剑尖朝向左上方；同时左手剑指向上，在头上方与右手会合后，屈肘下落附于右腕内侧。目视左侧。

（五）重心上提，上身右转，然后左腿自然伸直，右腿屈膝提起，脚尖自然下垂；同时右手握剑，以剑柄领先，向右后上方画弧，直至腕部位于头部右后方，掌心朝右，剑尖朝向前下方。左手剑指扶剑身，待剑抽走后，左手向前、向上画弧抬起。

（六）右脚向前摆踢成分脚式，同时上身略向右拧转，右手握剑经上方向右后方点剑，腕同肩高；左手剑指继续划向左上方，臂成弧形举于头部左上方，掌心斜朝上。目视剑尖。

第二十二式　仆步穿剑

 左腿直立，右腿屈膝成90度，双手合璧，然后左腿屈膝，右腿向后落步成左弓步；上身右转，同时右手握剑向体前摆举，腕同胸高，掌心向上，剑身平直，剑尖朝前；左手剑指向下，屈肘附于右手内侧，掌心向下。目视剑尖。

二 接着身体重心后移，双脚以脚掌为轴碾步，身体右转约 90 度，双腿屈膝；右手握剑屈肘经胸前向右摆举斩剑，臂微屈，掌心向上，剑尖略高于腕。左手剑指向左分展侧举，与肩同高，臂微屈，掌心朝外。目视剑尖。

（三）重心左移，屈左膝成左横弓步，上身略左转；右手握剑屈臂上举至头部前方，掌心朝内，剑身平直，剑尖朝右；左手剑指向上摆举，附于右腕内侧，臂成弧形，掌心朝前，目视剑尖方向。然后左腿屈膝成右仆步，上身略右转；右手握剑向下置于裆前，掌心朝外，使剑立剑式落至右腿内侧，剑尖朝右；左手剑指仍附于右腕处。

（四）重心右移，右脚尖外展，左脚尖内扣碾步成右弓步，身体右转；同时右手握剑沿右腿内侧向前立剑穿出，腕略高于肩，臂自然伸直；左手剑指从右腕处自然划于小臂内侧。目视前方。

第二十三式 # 蹬脚架剑

右腿从弓步逐渐伸膝直立，左脚贴向右脚，同时右手持剑，以剑柄为先，向右上方带剑，左手剑指屈肘附于右前臂内侧，掌心朝右。

右腿伸直，左腿提膝抬起，成右独立步；同时右手握剑继续向右上方带剑至头部右上方，掌心朝外，剑尖朝前。然后左脚以脚跟为支点向前蹬出；同时左手剑指向前指出，臂自然伸直，腕同肩高，掌心朝前，指尖朝上，右手持剑继续带向头部右后方。目视左手剑指方向。

第二十四式 提膝点剑

 右腿自然直立，左脚经右脚踝内侧屈膝提起，脚尖自然下垂；同时右手握剑向右带，左手剑指屈肘，经头部前方向右肩位置画弧，掌心朝外。目视右前方向。

 右手以手腕为轴，向下点剑。目视前方。

第二十五式 仆步横扫

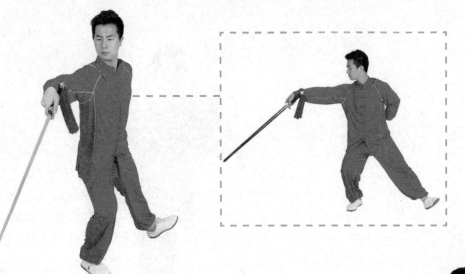

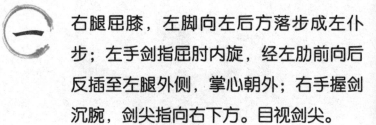

一 右腿屈膝，左脚向左后方落步成左仆步；左手剑指屈肘内旋，经左肋前向后反插至左腿外侧，掌心朝外；右手握剑沉腕，剑尖指向右下方。目视剑尖。

二 然后身体左转的同时，右手握剑，向左平扫，腕同腰高，掌心向上，臂微屈，剑尖朝向前下方；左手剑指经左向上，臂成弧形举于头部左上方，掌心向上，目视剑尖。右腿蹬直，成左弓步。

第二十六式 弓步下截

 接上式。身体重心前移，右脚上前贴向左脚内侧，脚不触地；同时右手握剑内旋画弧拨剑，腕同腰高，掌心向下，剑尖朝向左前下方；左手剑指屈肘下落附于右腕外侧，掌心向下。目视剑尖。

 右脚向右前方上步，上体略右转；同时右手握剑向右前方画弧截剑，臂微屈，腕同胸高，剑尖朝向前下方；左手剑指仍附于右腕处。目视剑尖。

071

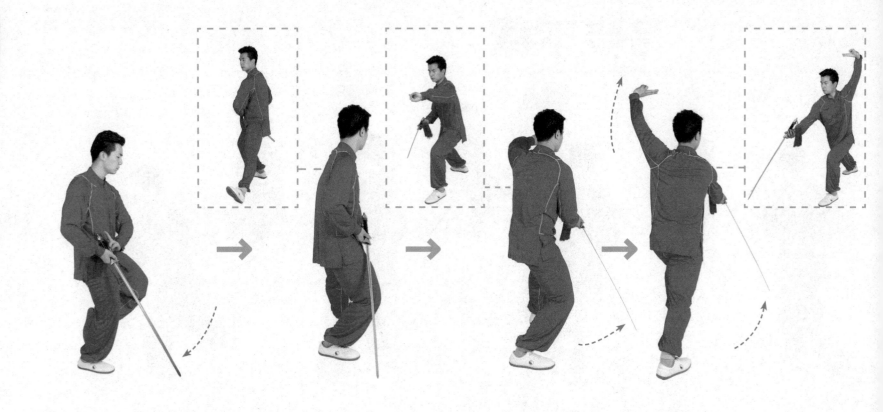

 身体重心移至右腿，左脚跟随贴向右脚内侧，脚不触地；右手握剑外旋画弧拨剑至右胯旁，掌心向上，剑尖朝向右前下方；左手剑指附于右腕内侧，掌心向下。

 左脚向左前方上步，右腿蹬直成左弓步，上身左转约45度。右手握剑向左画弧截剑至身体左前方，臂微屈，腕稍低于胸，掌心向上，剑尖朝向前下方；左手剑指向左前上方画弧摆举，臂成弧形举于头部左上方，掌心朝外。目视剑尖。

第二十七式 弓步下刺

（一） 身体重心移至左腿，右脚贴向左腿内侧，不着地；左手剑指附于右腕内侧。然后右脚下落震脚，屈膝，上身略右转；同时右手握剑屈肘回带至右肋前，掌心向上。左手剑指先前伸，然后随右手回带屈肘附于右手大拇指处，掌心向下。目视剑尖。

 随身体重心前移，左脚向左前方上步，并向前顶膝成左弓步；上身略左转的同时，右手握剑向左前下方刺出，腕略高于腰，掌心向上；左手剑指仍附于右手大拇指处，掌心向下。目视剑尖。

第二十八式　右左云抹

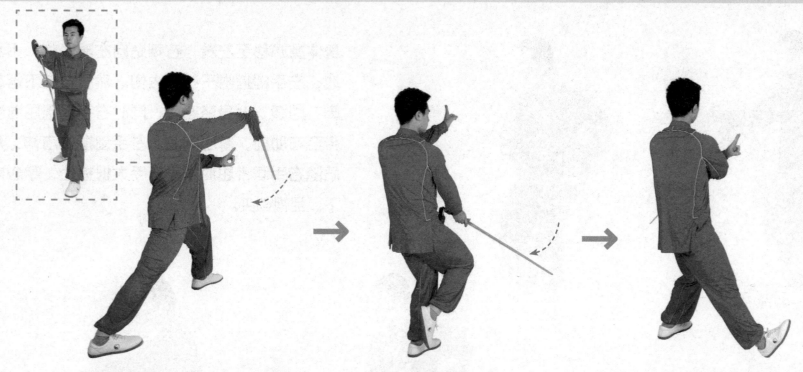

 随身体重心前移，右脚上前贴近左脚内侧，脚不触地，身体略左转。右手握剑内旋，使剑沿顺时针下沉画弧；左手剑指经身前向左上方画弧。目视剑尖。

 右脚向右前方落地的同时，向右转体；随后右手握剑继续向左下方画弧削剑，左手剑指从右向左画弧。

（三）重心前移，左脚向上提起，向前踢步；同时右手握剑从身体左下方，经身前向右上方画弧。然后左脚向前落地，右腿屈膝贴向左脚，同时右手向左屈肘带剑，左手剑指贴向右腕内侧。

（四）右脚向右上步，脚跟点地；右手握剑向右云抹至右前方，掌心向下；同时上身右转，右脚踏实。身体重心右移，成右弓步，左手剑指仍附于右腕内侧。

五 右脚踩地后，身体重心右移，左脚收于右脚内侧，脚不触地，身体略右转；右手握剑略屈肘右带，腕同腰高，剑尖朝向左前方；左手剑指仍附于右腕内侧。目视剑尖方向。

六 左脚向左上步，同时左手剑指经前方向左画弧摆举至身体左侧，并继续划至头部左侧，掌心朝外，目视前方；右手持剑稍稍撤向右后方后，再经右侧扫向左前方。

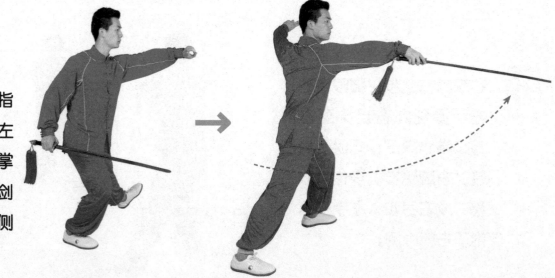

（七）继续向左转移重心，右脚向左前方跨出，同时左手剑指向右手移，附于右腕内侧，并向右云剑；右脚落地后，左脚迅速向左前方迈出一步，同时双手分开，左臂屈肘由下向后移，右手握剑在面前顺时针画圆云剑，摆至体前，腕同肩高，掌心向上，剑尖朝向右后方。

（八）左膝前顶成左弓步，上身左转；右手握剑向前伸送并向左抹带，直至身体左侧，腕同胸高，掌心向上，剑尖朝前上方；同时左手剑指向左画弧后，臂成弧形举于头部左上方。目视剑尖。

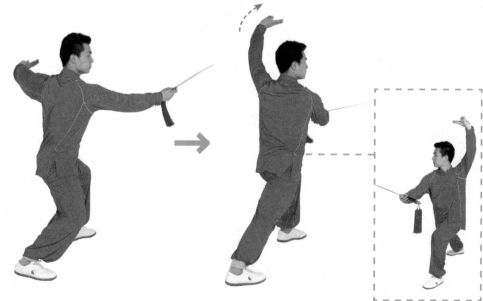

第二十九式 右弓步劈剑

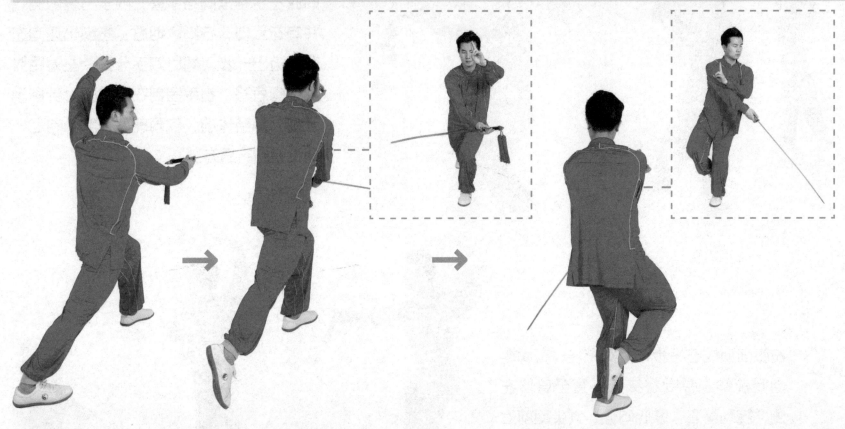

 接上式。重心前移，右腿向前跟步；同时右手握剑向左抹剑，置于身体左前方，左手剑指向身前屈肘下沉。

 身体重心前移，右脚跟至左脚内侧，身体略左转；右手持剑继续抹向身体左后方。

 右脚向右前方迈出一步，脚跟先着地后再踏实；同时右手握剑，经左后方向右、向上画弧，左手剑指压向胯部左侧。

 右膝前顶成右弓步，上身略右转；右手握剑经上方向右画弧劈剑，腕略高于肩，剑、臂约成一线；左手剑指经下方向左画弧，臂成弧形举于头部上方，掌心朝外。目视剑尖。

第三十式 后举腿架剑

接上式。身体重心前移，左脚迈向右脚的右前方，上身略左转，双腿屈膝下蹲；右手握剑向左挂剑，剑尖朝左；左手剑指屈肘下落附于右前臂上。目视左下方。

 左腿直立，右腿伸直后小腿屈膝后举，上身略右转；右手握剑上架至头部前上方，手臂伸直，剑尖朝左；左手剑指经面前向左摆举。

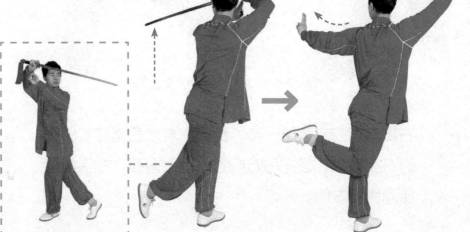

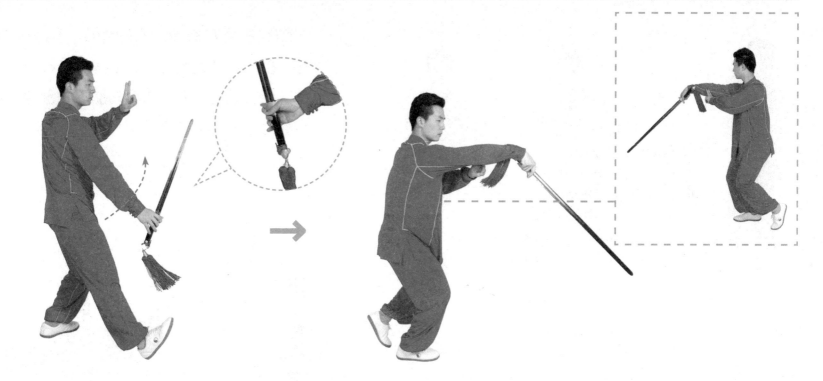

 接上式。右脚向右前方迈出一步，脚跟着地，腿自然伸直，身体略右转；右手握剑从头前上方向前、向下摆，左手剑指经上方向身前画弧。

 重心右移，身体右转，右腿屈膝，左脚跟随至右脚内侧，脚尖点地成左丁步；右手握剑向右下方点剑，腕同肩高；左手剑指经体前向右画弧屈肘附于右臂内侧。目视剑尖。

第三十二式 马步推剑

 左脚向左后方撤步。右腿伸展，随身体重心后移，以脚掌擦地撤半步，上身向右拧转。右手握剑，虎口朝上，屈肘收至右肋下，剑身竖直，剑尖朝上；左手剑指附于剑根处，掌心向下。

然后左脚蹬地发力，随之身体重心前移，右脚向右前方上步，双腿屈膝成马步，上身左转；同时右手握剑向右前方立剑平推，腕同胸高，剑尖朝上，力贯剑身前刃；左手剑指经胸前向左推举，掌心朝外，指尖朝上。目视右侧。

第三十三式 独立上托

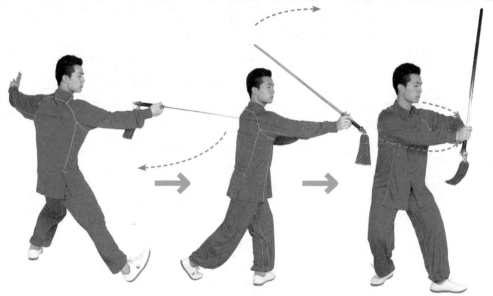

接上式。身体重心左移，右脚向左后方插步，身体右转，右手握剑以腕为轴，外旋翻转手腕，使剑尖经下方向后、向上在身体右侧立圆画弧至头部右侧，剑尖朝向右上方。左手剑指略向前摆举。目视右前方。

身体继续向右转约180度，重心后移，双腿屈膝下蹲；右手握剑，前臂内旋，剑柄领先向下、向右后方画弧摆举至右膝前上方，剑尖朝前；左手剑指屈肘向右附于右腕内侧，掌心向下，目视剑尖。然后右腿自然直立，左腿屈膝提起成右独立式；右手握剑，臂内旋向上托举，右手停于右额前上方；左手剑指屈肘附于右前臂内侧，掌心向外。

第三十四式 挂剑前点

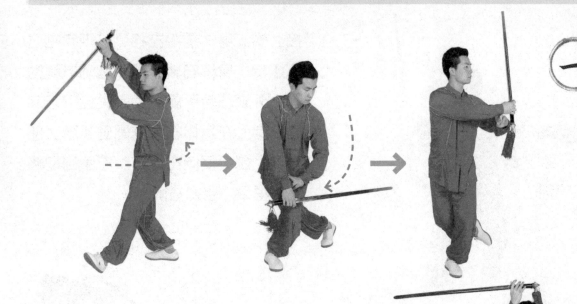

左脚向左摆步，右脚跟提起，上身略左转；右手握剑向左下方画弧挂剑；左手剑指屈肘附于右前臂内侧。右脚提起，准备摆步向前；右手握剑向左上方画弧；左手剑指仍附于右前臂内侧。目视剑的方向。

右脚前迈，先脚跟落地，再整个脚掌踏实，同时重心前移，上身略右转；同时右手握剑从左上方向右下方画弧穿挂剑，掌心先朝上，再朝外；左手剑指附于右前臂内侧，跟随右臂一起转动。

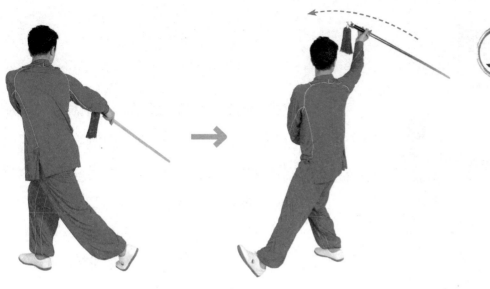

三 穿剑至身体右后方时，右臂全部打开。然后左脚摆步向前，脚跟着地，重心前移；右手握剑向上、向前伸举，掌心向上；左手剑指下落至右肩前方，掌心朝外。

四 上身左转，重心前移，左脚踏实，屈膝，紧接着右脚向右前方上步成右虚步；同时右手握剑经上方向右前下方点剑。左手剑指经下方向左画弧，臂成弧形举至头部左后上方，掌心朝外。目视剑身。

085

第三十五式 歇步崩剑

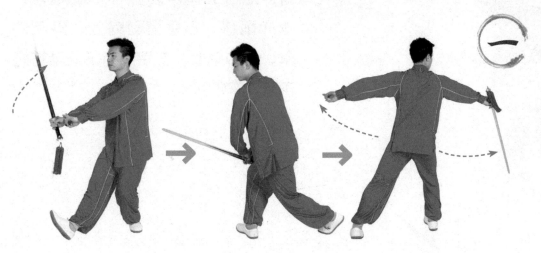

右脚跟点地，左腿屈膝，身体重心前移，上身稍稍右转；右手握剑向右下方带剑，掌心朝内，剑尖朝向左上方；左手剑指屈肘下落附于右腕上，掌心向下。然后右脚向左前方迈出一步，向右转体约90度，右手持剑，剑柄领先，向身体右侧带剑，剑尖朝右下方；左手剑指经下方向左画弧摆举至与肩平，掌心向后。

左腿屈膝，右脚向左脚后撤步成歇步，身体略右转，重心后移并下降；同时右手握剑，变虎口朝上后沉腕崩剑，直至腕低于腰；左手剑指向上，臂成弧形举于头部左后上方，掌心斜向上。目视右前方。

 右脚踏实，右腿伸直，左腿屈膝提起，脚尖下垂，上身稍左转。然后右手握剑屈肘侧举，腕低于胸，使剑身斜置于右肩上方，掌心朝前，剑尖朝向左上方；左手剑指下落，与肩同高。目视左前方。

 左脚向左落步成左弓步，上身略向左转；右手握剑向左上方探刺；左手剑指向右，与右臂在体前相合，附于右前臂内侧。目视剑尖。

第三十七式 转身下刺

 接上式。右腿屈膝，重心后移，身体右转，左脚尖内扣；右手握剑向右回带；左手剑指附于右腕内侧；掌心朝外。目视左侧。

 身体重心继续右移，身体右转，屈双膝下蹲；右手握剑，剑柄领先，画弧带至右侧，掌心向前；左手剑指经身前向左、向上画弧，直至与头同高。

 右腿伸直，重心移至左腿，同时右手握剑持续向左下方，右手剑指架至头部左上方。然后右腿屈膝提起，脚尖下垂，以左脚掌为轴碾步，身体右转；同时右手握剑，剑柄为先，向上带剑至右肩前，剑尖朝向右膝外侧，掌心朝后；左手剑指附于右腕上。目视剑尖。

 随身体右转约 180 度，右脚向右后方落步，再向前顶膝成右弓步。右手握剑向右下方刺出，腕同腰高，掌心向上；左手剑指移至右前臂内侧，掌心向下。目视剑尖。

第三十八式 提膝提剑

 接上式。左腿屈膝，右腿伸直，身体重心后移，上身左转；右手握剑，以剑柄领先，向左、向下带剑，剑尖朝左。接着右膝向右顶膝，左腿伸直，右手握剑，以剑柄领先，向右带剑。左手剑指附于右前臂内侧。目视剑尖。

 身体重心移至右腿，左腿贴向右腿，再屈膝上提，右腿伸直成右独立式，上身略右转并稍向前倾；同时右手握剑，前臂内旋，剑柄领先，向右、向上画弧提剑，臂成弧形举于右前方，腕同额高；左手剑指经腹前向左画弧摆举，与腰同高，掌心朝外。

第三十九式 行步穿剑

 接上式。左脚向左落步，脚跟着地；上身左转；右手握剑，掌心转朝向上，剑尖领先，经左肋下方向左、向前穿剑，腕与腰同高，剑尖朝前；左手剑指向右上方画弧摆举至右肩前。

 上身右转，重心前移，右手握剑，小臂外旋带剑，剑尖向右。左脚踏实，左膝微屈，右脚向右摆步，上身右转；右手握剑，剑尖领先，向前、向右画弧穿剑，腕与胸同高，剑尖朝右；左手剑指经胸前向左分展侧举，臂成弧形，掌心朝外。

091

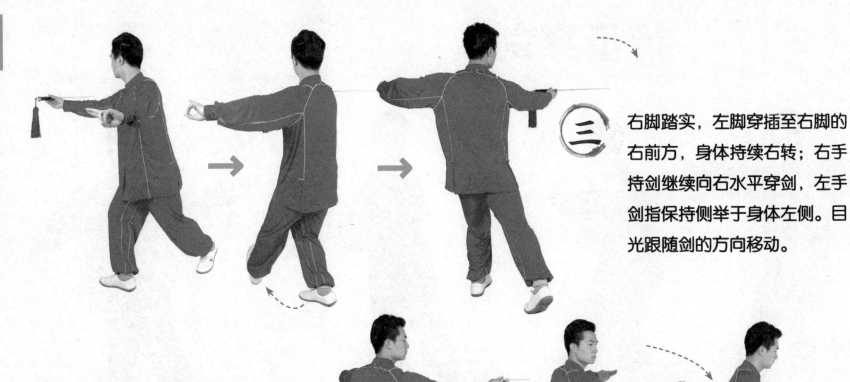

 右脚踏实，左脚穿插至右脚的右前方，身体持续右转；右手持剑继续向右水平穿剑，左手剑指保持侧举于身体左侧。目光跟随剑的方向移动。

四 左脚踏实，右脚先贴近左脚，再向右前方迈出一步，身体持续右转；右手持剑继续向右水平穿剑，左手动作不变。右脚踏实后，左脚插向右脚的右前方，屈右膝，双手收向腹部左前方，掌心向上，剑尖朝向前下方。

第四十式 摆腿架剑

 接上式。左脚踏实，上身右转，右手握剑，从身体左前方向右、向上摆剑。左手剑指附于右腕。

 左腿直立，身体右转，右腿前踢，同时右手将剑摆至头部高度。然后右腿屈膝，脚尖向下，同时右前臂逆时针旋转，使剑尖在头部前上方逆时针画弧，当剑尖画弧至头部左上方时，右手握剑下沉，右脚下落；左手剑指在面前与右手相合，屈肘附于右腕内侧，掌心向下。

 右腿向前落下，身体右转，右手握剑同左手剑指随身体右转，向右画弧于右胯旁，腕与腰同高，掌心向下，剑尖朝左。

 右脚踏实，左腿伸展成右弓步，上身左转；同时右手握剑，向右、向上抬起，将剑架至头部前上方；左手剑指经身前向上、向左外展画弧。目视左手剑指。

第四十一式 弓步直刺

 身体重心移至右腿，左脚收提至右脚内侧，再向左前方迈出一步，上身左转；右手握剑经右向下方收至右胯旁，虎口朝前，剑尖朝前；左手剑指经左向下收至左胯旁，掌心向下，指尖朝前。

 左脚踏实后，左腿向前顶膝成左弓步，上身略左转；同时右手握剑立刃向前平刺；左手剑指在胸前与右手相合，附于右腕内侧然后向前伸送，掌心斜向下。目视前方。

第四十二式 收势

一 身体重心后移，右腿屈膝，左腿伸直，上身右转；右手握剑屈肘向右回带至右胸前；左手剑指仍附于右腕处并随之右移，两掌心相对，左手剑指变掌接剑；剑身微触左前臂外侧。目视前下方。

二 上身左转，左膝前顶，重心前移，成左弓步；同时左手接剑后反握，左臂向左前方打开，剑横向贴左臂外侧；右手变剑、向下画弧，贴向右胯的右后方。然后稍稍向左转体，目视前方。

三 右脚上步成平行步；左手握剑向下摆置于左胯旁，掌心朝后，剑身竖直，剑尖朝上；右手剑指经下方向右前上方画弧，随屈肘举于头部右上方，掌心朝内，指尖朝上。然后双腿并排微屈，右手剑指由头部侧上方向下归于腹前，左手握剑姿势不变。目视前方。

四 双腿伸直，同时右手剑指经胸前向下落于身体右侧；然后左脚向右脚并拢，身体自然直立，双臂垂于体侧。目视前方。